Prolog

Liebe kennt keine Angst

Gedichte und Geschichten aus dem Leben
und der Freude an der Liebe,
die in jedem von uns ruht
und bei so vielen Menschen hinter
dicken Mauern vergraben liegt.

Die Inhalte sind meiner tiefsten Intuition
entsprungen und Bestandteil meines Lebens
sowie meiner Philosophie:
Der Glaube an wahre Liebe.

Geben Sie sich der eigenen Inspiration hin,
um die Angst vor Tränen, Schmerz und
vor allem vor der Liebe zu verlieren.

Schenken Sie dem Menschen, den sie lieben,
Ihre Gefühle und zeigen Sie ihm, dass Vertrauen und
miteinander reden unabdingbar sind.
Wenn Ihnen die Worte fehlen, nehmen sie meine.

Ich widme dieses Buch meiner großen Liebe,
die ein steter Quell der Inspiration für mich wurde.

Danke Birgit
Ti bacio

Stefan Moritz
Liebe kennt keine Angst

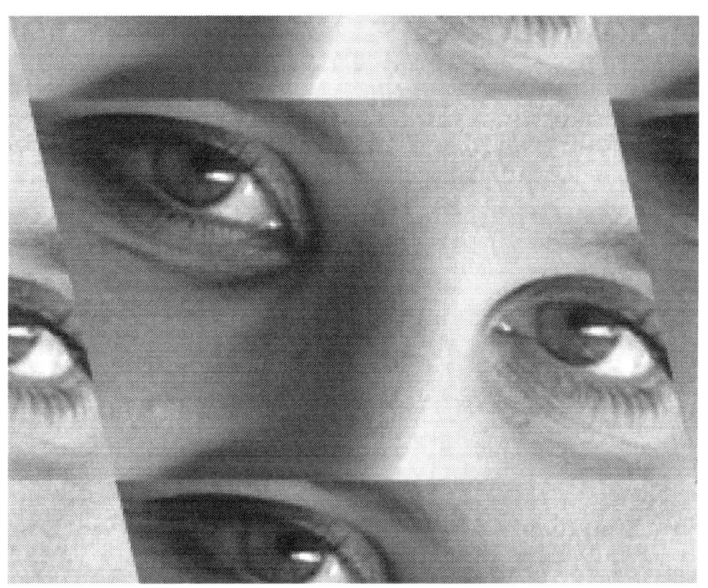

Gedichte von

Glaube – Hoffnung - Liebe

Neuausgabe 2002
© 2002 Stefan Moritz, 21614 Buxtehude
Herstellung: Books on Demand GmbH, Norderstedt (www.bod.de)
Alle Rechte vorbehalten
Gedicht von Hermann Hesse: Suhrkamp Verlag, Frankfurt/Main
ISBN 3-8311-4058-8

Inhalt

Mit einem Blütenzweig

O nimm den Blütenzweig, den dort
ich pflückte von dem Mondenbaum.
In jedem Blatte schläft wohl hundertfach
ein Wort von Liebe
und in jeder Blüte ist der Traum
vom fernen Glück.
O weise meine Liebe nicht zurück!

Hirotsugo

Die Zeit mit Dir

Die Zeit mit Dir

ist wie ein Sommerwind,

der durch die Felder geht.

Die Zeit mit Dir

ist wie ein Fluß,

der sich durch Wälder dehnt.

Die Zeit mir Dir,

die ich Dich auf den Händen trag,

hat jeden Schmerz geheilt

und jeden Sturm besiegt.

Ich möchte, dass die Zeit mit Dir

für ewig bei uns bleibt

und Dir zu Füßen liegt.

Für diese Zeit mit Dir

Möcht' ich Dir dankbar sein

wie ein Gebet,

wo für die Zeit mit Dir

und dem Zusammensein

am Ende Amen steht.

Glaube - Hoffnung Liebe

Tief in meinem Herzen drin,
frag ich nach des Lebens Sinn.
Das, was die Liebe schafft,
woher nimmt sie die Kraft?

Ich will doch nur in meinem Leben
dem anderen Menschen alles geben.
Ich fragte nie nach dem Ertrag,
hab trotzdem immer nur gewagt.

Ich weiß, ganz tief in mir drin,
dort steckt der wahre Sinn.
Der Kern, die Frucht geht auf,
wenn die schönste aller Blüten längst verwelkt.

Glaube, Hoffnung, Liebe,
all dies treibt mich weiter,
und irgendwann bin auch ich wieder heiter.

Ein Liebestraum

Vor einem Jahr im Sommer war mein Herz so schwer,
Gefühle gingen hin und her.

Ich wußte wohl, mein Traum stand hier
und war doch weit entfernt.

Die Zeit jedoch, die lehrte mich:
„Vertrau dem Herzen, vertrau auf Dich."

Mein Traum von Liebe, Glück und mehr
zerrann so schnell wie er gekommen.

Doch tief in meinem Herzen, das so leer,
hab ich von vorn begonnen.

Und heute fallen wohl die Blätter nieder,
mein Traum jedoch kommt wieder.

Hier steh' ich nun in meines Lebens Mitte
und lache, weine, geh mit festem Tritte,
hinzu auf meinen Traum,
der so wunderschön zu schaun.

Bekenntnis

Oh welch stürmisch Unterfangen,
wenn Liebe gilt es zu erlangen.

Von wilden Trieben unberührt,
den Geist erfrischend hingeführt.

In Stiller Demut aufgewacht,
von dunklen Augen angelacht.

Bekennt die Liebe sich
für Dich, für Mich.

Wie der stöhnende Wind durch die Nacht

stürmt mein Verlangen nach Dir,

jede Sehnsucht ist aufgewacht -

O Du, die mich krank gemacht,

was weißt Du von mir!

Leise lösch ich mein spätes Licht,

fiebernde Stunden zu wachen,

und die Nacht hat Dein Angesicht,

und der Wind, der von Liebe spricht,

hat Dein unvergessliches Lachen!

Hermann Hesse

Dem Winde nach

Wie der Wind will auch ich
mit Dir beisammen sein.

Leise säuselnd,
wild aufbrausend,
stürmisch und heftig,
still und gelöst.

Schnee in den Bergen

Leise kommt Dein Kopf mir nah,
Dein Lachen ist so unvergleichlich schön.

Ich fasse meinen Mut und
meine Lippen sind bei Dir.

Doch die Zeit ist noch nicht so weit.
Aber es schwingt ein Fühlen in der Luft,
ein Lachen und ein Sehnen.

Ganz langsam nur kommen wir uns näher,
noch weiß keiner von uns, warum, wieso.

Schüchtern fast erscheinst Du am Abend
und endlich sind wir auch allein.

Nur in den Armen liegen, dankbar sein,
dass wir uns kennen.

Ein leiser Kuss von Hand
und plötzlich hat sich unsere Welt verändert.

Die Kraft der Liebe

Zwei Augen treffen sich auf der Straße,
halten einander fest, die Seelen.
Irgendwann liegen sie sich in den Armen
und beide sagen nur, nimm hin.

Und beide können sich nur wählen,
weil es die gute Seele will.
Nicht Geist und Tageslicht entscheiden
und beide sagen nur, nimm hin.

Wenn Zweifel, Angst und Sorgen
und Alltag kommen schwer entgegen,
da will die Seele überwiegen
und beide sagen nur, nimm hin.

Die Zeit, die wird uns beiden geben,
was unsere Augen in der Seele sahen.
Nicht irgendwann, schon jetzt,
wenn beide sagen nur, nimm hin.

DU

Nichts mehr als Liebe ist in mir,

nichts mehr als Sehnsucht,

nichts mehr als wahre Leidenschaft,

nur Du und Liebe tief in Dir.

Das erste Mal

Ein fremder Ort, ganz liebevoll dekoriert.
Die Aufregung steigt ins Unermessliche.
Nur noch wenige Stunden, dann ist sie da!
Die, die mir so glühende Briefe schreibt!
Die, die mich verzaubert hat!

Erlösend klingelt es an der Tür,
ich bin nervös, der Hals ist trocken.
„Endlich bist Du da!"
und weiche Züge entgleiten Ihr.
Endlich liegen wir uns nach langen Wochen
in den Armen, ewig scheint der Moment.

Nur langsam entgleitet sie meinem Arm
und läßt sich fallen. Glücklich ist sie.
Ganz zärtlich erkunden sich die Hände,
zitternd vor Freude und Glück,
voller Liebe und Sehnsucht.

Der Abend verklingt im wilden Rausch
und vollendeter Zärtlichkeit.
Mit Hingabe und dem Sein zu zweit.

Den Stürmen trotzen

Nie hat uns jemand erzählt,
nie hat uns einer gequält,
doch plötzlich stürmt es auf uns ein:

Liebe? Höllenqualen oder Tänze.

Freude immerzu und heiße Schwüre,
als gäb es niemand anderes
auf dieser Welt,
doch plötzlich kommt der Alltag auf uns zu:

Liebe? Zweifel und Erregung.

Lachen, Weinen, Tanzen, nur Leben,
den Widrigkeiten stets zum Trotz,
voran im Kopf, das Leben kommt
schon nach:

Liebe? Ja, und nochmals Ja - für immer!

Dein Duft, der bleibt bei mir

Bei mir tobt ein ganz wilder Sturm
und das Weinen überwiegt das Lachen.
Aber immer wieder bekomme ich
die Zweifel widerlegt.
Zeichen, daß das Leben mir
noch viele Momente schenken wird
und schon heute seine Bahnen
für die Zukunft denkt.

Bei Dir, da tobt der Sturm noch fester
und hohe Mauern sind umschlungen
von meinen Armen, die sie sanft entfesseln.
Das kostet Kraft und nagt an Deinem Geist,
doch wer nicht glaubt, der liebt auch nicht.

Bei uns, da wird der Sturm zur Brise,
ein zarter Wind umschmeichelt Dein Gesicht.
Dein Duft verteilt sich auf mir
und selbst wenn harte Stürme kommen,
ein miteinander gibt die Kraft für unser Wir.

Freudentränen

Tage - und plötzlich nur noch Stunden,
die schwarze Nacht wird klar
vom Licht durchbrochen.
Mein Herz pocht sonderbar.

Deine Stimme immer näher,
Dein Atem nimmt mich gefangen.
Zwei Körper eng umschlungen,
aus beiden Herzen wird nun eins.

Aus sanftem Streicheln werden wilde Tänze.
Die Hände halten nicht mehr still,
weil Liebe strömt nun überall.

Vereint und nah als näher
ergießt er sich in sie.
Und sie, sie weint noch Tränen,
vor Freude und vor Glück.

Was kann ich tun?

Was kann ich mehr tun,
als Dir meine Liebe zu bekunden?
Was kann ich mehr tun,
als Dich meine Liebe spüren zu lassen?

Dich lieben, nur Dich!

Was kann ich mehr tun,
als Dich frei zu lassen?
Was kann ich mehr tun,
als Dich glücklich zu machen?

Dir meine Tränen zeigen, nur Dir!

Was kann ich tun, Dich zu erreichen?
Was kann ich tun, Deine Angst zu nehmen?

Auf Dich hoffen, Dir vertrauen!

Wie kann ich meine Schmerzen erleiden?
Wie kann ich meine Hoffnung behalten?

Dich lieben, nur Dich!

Wer nimmt meine Angst?
Wer liebt mich?

Du, nur Du!

Tragen

Wenn Du fällst,
dann fange ich Dich.

Wenn Du zweifelst,
dann trage ich Dich mit meiner Liebe.

Bedeutung

Du bist so wertvoll an meiner Seite,
weil Dein Geist mit meinem schwingt,
Dein Lachen mich beglückt
und meine Seele tanzt vor Freude.

Dein Leben ganz aus anderen Bahnen,
gerät aus seinen Fugen wie das meine.
Nur schiere Liebe, Glück und Hoffen,
auf Dauer, Kraft und Freude.

Die schweren Zweifel müssen wir erleiden.
Die Tränen auch im Überfluss.
Doch wenn wir alles überwinden,
kommt Leben, Liebe und Genuss.

Gemeinsam sind wir stark
und nicht gebunden an Worte,
sondern an das Herz.

Von Freiheit will ich wissen,
dass sie nur größer wird,
weil alle Kraft auf beiden ruht,
ganz ohne Schmerz.

Mieminger Plateau

Wir laufen auf fetten Weiden durch zart ersprießende
Lärchen. Ein sanftes Grün tut sich auf, rundherum
schneebedeckte Berge und klare Luft. Es ist Zeit sich in
den Händen zu halten und den erwachenden Frühling zu
genießen.

Mit ruhigen Worten und vielem Lachen über die Dinge
des Lebens erfahren wir die Schönheit der Berge, die ich
so lange nicht mehr gesehen und wirklich
wahrgenommen habe.
Ein Ort, zu dem ich bedingslos ja sagen kann.

Was bewegt zwei Menschen, die sich ruhig auf einem
roten Baumstumpf niederlassen, sich in den Arm zu
nehmen und sich Hoffnung zu machen auf ein
gemeinsames Leben? Es ist die Liebe, die so unverhofft
über uns gekommen ist, die uns in Zweifel stürzt und
doch Tore öffnet, die wir lange verschlossen gehalten
haben.

Zwei liebende Menschen, jeder in seiner eigenen Welt, jeder mit seinen eigenen Sorgen und Ängsten halten sich Hand in Hand und genießen diesen Ort. Und nur diese beiden können zu sich Ja sagen, indem Sie sich an diesen Ort erinnern, seiner Weite und Freiheit in vertrauter Zweisamkeit. Einem gemeinsamen Leben sich öffnen, dass jeden die klare Luft und trotzdem den Duft des anderen ganz nah spüren läßt.

Alle Sinne schärfen sich in dieser Weite, keine Mauern umgeben uns. Wenn wir wieder getrennt sind, können wir uns der Bilder erinnern und Glauben und Kraft aus Ihnen schöpfen, weil jede Mauer einstürzbar ist, die wir selbst errichtet haben. Die Liebe wird Dir den Weg zeigen, das Vertrauen dessen, der Dir die Liebe schenkt und mit Dir lebt, denkt und fühlt.

Wahre Schönheit

Die wahre Schönheit liegt

nicht nur in Deinen Augen.

Sie entfaltet sich umso mehr,

wie Du Deine Liebe zulässt.

Dein Köper ist nur die Hülle,

der erstrahlt aus der Kraft

Deines Seins, Deiner inneren Ruhe

und Deiner tiefen Liebe.

Je mehr Du Liebe gibst,

wirst Du erfahren, wie das Leben

um Dich herum an Schönheit gewinnt.

Unordnung in meinem Leben

Ein neuer Mann, ein neues Glück
zog gestern bei mir ein.
Doch dieser Mann denkt selbst
und ist mit eigenem Kopf dabei.

Jetzt stehen alle Töpfe links
und nicht mehr so, dass ich sie find'.
Ein Glück, er kocht ganz gut
und find´ sie selber immer wieder.

Meine ganze liebe Ordnung
kommt in Schwung, weil
unser Platz geteilt für zwei.

Doch wenn er abends bei mir liegt,
entschädigt das für jeden Topf und Socken,
der nicht mehr steht an seinem Platz.

Er ist halt doch mein Schatz!

Die Gunst der Stunde

Die Tage werden immer lichter,

mein Herz trägt sich allein

beschwingt von Sonne, Liebe und Hingabe,

unserem Sein.

Allein der weite Weg, die Nähe fehlt,

was niemand kennt, der niemals litt.

Die Zeit zu zweien, sie rennt hinfort,

man trifft sich immer nur am fremden Ort.

Gefühle halten still und wollen

uns beisammen,

beglücken und befrieden immerzu.

Das Glück, es steht so nah vor uns,

das Schönste war und ist dein Kuss.

Dein Streicheln schwingt noch lange nach.

Wo? Wo ist die Zeit, der Platz für uns?

Wer trägt mich?

Die Straße zerfließt unter mir,
meine Gedanken klären sich nicht.

Tränen überall.
Nicht die Liebe stirbt,
nur der Mensch wird hart.

Wilde Schweißperlen erinnern sich Deiner,
vermischen sich mit Tränen.

Krämpfe pressen meine Lippen zusammen,
sie küssen Dich.

Wo ist der Engel, der mich trägt?

Weil..?

Wenn ich auf meinem Balkon stehe,
schweift mein Blick zu Dir gen Süden.
Kein Gift kann mich betäuben. Weil..?

Die Gefühle meinen Verstand umgreifen,
ich nicht glauben kann, dass diese Liebe
sich verläuft. Weil..?

Die Angst in Dir, die ich noch spür',
mit meinen Zweifeln sich vermischt.
Was hält Dich ab, mit mir zu sprechen?
Dein Herz zu öffnen, Deinem Glück. Weil..?

Nicht ich, nur Du kannst Dich befreien
und Deine Liebe eingestehen.
Die Zeit wird Dir nicht helfen, nur
Lieben, Reden kann die Hilfe sein. Weil..?

Gottvertrauen und öffnen sich,
dem lieben Mann bei Dir,
die Angst besiegt und Dich befreit. Weil..?

Einfach lieben nur und sich vertrauen,
sich in die Augen schauen,
den Mut Dir gibt.

Cavalleria Rusticana

Immer wird es Dinge geben,
die sind untrennbar mit Dir verbunden.

So, wie mein Herz, das sich nicht
von Dir trennen mag.

Wenn Du denn Deinen Weg gehst,
weiß ich nicht,
ob sich die unseren noch einmal kreuzen,
um jeden Tag in einem Augenblick
versinken zu lassen.

Das Glück an Deiner Seite
ist untrennbar von meinen Schmerzen,
als die Angst Dich überwältigt hat
und Du gingst, Deine Mauern
wieder zu errichten.

Ich bete für Dein Glück.

Ich weine um Dich.

Montepulciano

Wenn ich heute stürbe, ich wüßte,

mein Leben war erfüllt,

von Freud und Leid,

von Glück und Schmerzen,

von Reichtum und Armut,

von Leben und wahrer Liebe.

Kraft

Meine Kraft für Dich
kommt durch Dich!

Forza

La mia forza per te,
mi arriva attraverso la tua persona!

Augen

Weiche Züge um Deine Augen,
mit feinen Fingern zart berührt.

Ein Streicheln sanft um alle Formen,
Dich in den Schlaf entführt.

Nur Liebe spüren und verlieren,
den Willen und die Kraft.

Ganz leise hören von den Worten,
die mit den Händen sich vereinen.

Im Wissen um die Zärtlichkeit,
die aus dem Herzen kommt.

Sich geben unbefangen.

Sich lieben und verlangen.

Bewusstsein

An Dir ist mir bewusst geworden,
wie schön das Leben ist.

Beim ersten Mal war ich zu jung,
beim zweiten Mal waren zuviel Schmerzen.

Jetzt bin ich frei und gereift,
unabhängig und bewusst.

Frei, alle Gefühle auf mich
einströmen zu lassen

Gereift, sie zuzulassen.

Unabhängig, sie zu teilen.

Bewusst, sie zu leben.

Wärme

Sehnsucht schwingt in Deinem Blick,
Wärme kommt mir entgegen.
Dein Blick entfesselt meine Welt,
Du weißt ja nicht, was aus Dir strömt.
Nur zwei, die sich so lieben,
sind fähig, das zu sehen.

»

In Deinen Augen liegt so viel Wärme
und je tiefer ich in sie sehe,
desto tiefer blicke ich in Deine Seele,
Deine Verletztlichkeit und Deine Hoffnung,
auf ein vollendetes Glück zu leben.

Wertvoll

Du sollst Dir selbst so wichtig sein,
wie Du mir wichtig bist.

Du bist wertvoll um Deiner selbst willen,
also bist Du auch mir wertvoll!

Preziosa

Tu devi sentirti molto importante,
cosi importante come sei per me.

Tu sei molto preziosa per la tua volanta,
ergo tu sei anche preziosa per me!

Schweigen

Immer wird es Momente geben,
in denen wir uns zurückziehen
zur Besinnung.

Schweigen verbindet und belebt,
wenn wir beisammen sind,
uns spüren.

Schweigen tötet und verletzt,
wenn wir uns zurückziehen
vor dem anderen,
weil uns die Kraft fehlt zum Reden.

Also lasst uns schweigen,
wenn wir lieben
und reden,
wenn wir zweifeln.

Denken

Dein Denken überträgt sich auf mich,
die Hoffnung, Vertrauen zu erlernen.

Meine Gedanken leben für Dich,
Sich im Herzen niemals zu entfernen.

Unsere Gedanken finden sich im Raum,
unsere Zweifel verfliegen im Traum.

»

Eins will ich sein
mit Deinem Denken.

Tief in Dir erfüllt
vom Wissen Deiner Liebe.

Angst

Ich reiche Dir meine geöffneten Hände,
in die Du Deine Angst legen kannst.

Vertrauen, Liebe und Hingabe
gebe ich Dir dafür zurück.

Paura

Io ti tendo le mie mani aperte,
dove tu puoi riporre le tue paure.

Fiducia, amore e dedizione
ti dono io in cambio.

Entscheidung

Nur Du entscheidest für Dein Leben
und Dein Glück!

Decisione

Solo tu decidi per la tua vita
e la tua fortuna!

Empfangen

Ich stehe vor meinem Fenster, öffne die Arme
und sehe nach oben.

Was ist es, das so wunderbar auf mich einströmt?
Liebe?

Ja, doch wie ist das Gefühl zu greifen?
Wärme, Glück, Großartigkeit, Hingabe?

Worte werden wohl niemals das Erleben
dieser Gefühle zu Papier bringen können.

So bin ich für jeden Tag dankbar,
den ich die Liebe spüren darf
mit all ihren Höhen und Tiefen.

Ganz Leise

Ganz leise bist Du in mein Leben getreten
und hast mich bewegt.

Mir Freude und Glück geschenkt.

Mit Deiner Liebe mich erfüllt.

Die Tore geöffnet, für ein neues Leben
an Deiner Seite.

Sinn oder Unsinn

Was macht es Sinn zu fragen,
wenn keine Antworten kommen?

Was macht es Sinn zu hoffen,
wenn kein Wort mehr fällt?

Was macht es Sinn zu weinen,
wenn Deine Gebete nicht erhört werden?

Es macht Sinn, sich selbst zu vertrauen,
wenn man festen Glaubens ist.

Es macht Sinn, dem anderen zu vertrauen,
wenn man selber zweifelt.

Und es macht Sinn nicht aufzugeben,
solange die Antworten noch fehlen.

Offenes Herz

Das Lachen Deiner Augen hat mich angezogen,
die Weichheit Deiner Züge verzaubert.
Deine Stimme so fröhlich und das Herz
auf einmal ganz befreit.

Nur immerzu zusammen sein,
nur immerzu sich lieben.

Dem Anderen lauschen und ein
treuer Partner sein. Mit offenem Herz
und Ohr für alle Sorgen, die da sind.

Mit Liebe nur vertrauen,
sich in die Augen schauen.

Freundin

Wir gehen Arm in Arm durch die Stadt
und reden uns den Schmerz von der Seele.
Es ist gut zu wissen, dass eine Freundin mit Dir leidet,
auch wenn Du sie nicht leiden wissen willst.

Ihre Worte geben mir Kraft,
mein Trost spendet ein wenig Ruhe.
Ziellos durchstreifen wir das Alte Land,
weinen gemeinsame Tränen und halten uns im Arm,
trotzdem können wir uns immer wieder
an liebevollen Orten erfreuen,
die andere mit Hingabe geschaffen haben.

Ja, wir leben noch.

Lachend zwischen den Pfützen hindurch,
Seite an Seite, und mir wird ganz sonderbar warm,
weil ich einen lieben Menschen an mir spüre.

Ich bin froh eine Freundin gewonnen zu haben.
Gemeinsam, gedankenversunken,
einfach nah bei mir.

Verständnisvoll mein Erlebtes hören,
mit mir fühlen und mich verstehen.

Auch Deine Gefühle mir anvertrauen
und mich trösten mit Deinen Gedanken.

Sich in den Arm nehmen und Danke sagen,
für den Glauben an das Glück in dieser Welt.

Träume

Das schönste an einem gemeinsamen
Traum ist, wenn er wahr wird.

»

Wir verfallen unseren Träumen,
die so plötzlich Gestalt annehmen.
Träume zu halten, ist unglaublich schwer,
das Leben will immer mehr.

»

Träume zu leben, schier unmöglich,
weil zwei Menschen dazugehören.
Und dennoch kann das Leben zu zweit
einen Traum heraufbeschwören.

Tarot

Ich weiß, Du sehnst Dich
nach Liebe und Anerkennung.
Ich weiß, Du hast sie nie erfahren.

Trotzdem spüre ich Deine Hingabe.

Ich weiß um Deine Angst
vor zuviel Nähe und Schmerzen.
Deine Schmerzen sind noch immer in Dir.

Trotzdem spüre ich Dein Verlangen.

Nur wenn Du Dich Deiner Sehnsucht öffnest,
mir vertraust und meine Liebe zuläßt,
wirst Du Dein Glück erfahren.

Kein Glück ist für ewig,
aber wenn Du einmal vertraust,
wirst Du wieder vertrauen lernen,
den Weg zu Dir selbst finden.

Ich liebe Dich

Ich liebe Dich aus dem Bauch heraus,
auch wenn keiner es versteht.
Mein Herz klopft schneller,
wenn ich an Dich denke.

Die Arme schwer auf meinem Bett,
als ob Du noch neben mir liegst.
Die Kerzen brennen langsam nieder,
Dein Schatten tobt durch meinen Geist.

In seidener Wäsche gekuschelt an Dich,
spür' ich Deine Liebe, Dein Verlangen.
Sanft in den Schlaf entglitten,
weckt Deine Stimme mich behutsam auf.

Egal wie lange noch, bis Du Dich wieder zeigst,
allein Dein Sein vermag mich zu befrieden.

Verstand

Der Verstand sagt: „Geh!“.
Das Herz hält fest.

Der Verstand sagt: „Lass es los!“
Das Herz krampft sich dabei.

Der Verstand sagt: „Es ist vorbei!“.
Das Herz findet Dich so wertvoll.

Der Verstand sagt: „Es lohnt sich!“.

Lohnt es, die Schmerzen zu ertragen?
Lohnt es, das Schweigen zu erdulden?

Meine Tränen sagen: „Es ist Liebe!“.
Die Liebe sagt: „Es ist, was es ist.“

Mein Verstand fragt: „Warum?“.

Menschen

Es gibt Menschen, die sind in Deiner Nähe
und doch nicht wirklich da.

Menschen, weit entfernt von Dir,
die Dir helfen. Freunde.

Du wirst Menschen treffen, die groß und stark sind,
und doch musst Du erkennen, dass Sie klein
und verletzlich sind.

Dich werden Menschen finden, die Dich lieben
und Du willst sie doch nicht.

Andere wirst Du lieben, aber sie spüren es nicht.

Dich werden Menschen wertvoll in den Armen halten,
und betrügen zugleich mit Ihren Mauern, die sie bauen.

Menschen, die Dir Hoffnung und Kraft schenken
oder Dich aussaugen, Deine Kraft rauben.

Menschen, die Dich beglücken mit Ihrer
Liebe und Hingabe.

Gib diesen Menschen die Kraft, die Liebe hinzunehmen,
die Mauern einzureissen und loszulassen.

Vertrauen und offene Worte helfen diesen Menschen,
die Liebe zu sehen und anzunehmen.

Irgendwann triffst Du einen Menschen,
der Dich bewegt. – Liebe!
Und Du kannst nichts mehr tun,
als diesen Menschen zu lieben.

Paarweise

Ein schönes Paar geht Hand in Hand
entlang an einem leeren Strand.

Ein jeder, der die beiden sieht,
so schön, weil sie verliebt.

Sich Küssen, jetzt und überall,
nur sein und nicht mehr denken,
wie war'n die Tage ohne uns.

Das Leben hat uns lieb wie wir.
Der Tag vergeht, die Herzen glüh´n.
In Deinem Arm bin ich geborgen.

Die Liebe lebt

Die Liebe lebt!

Lebt die Liebe!
Liebt das Leben!

Gebt Eure Liebe!
Lasst Euch lieben!

Liebe ist Leben!
Das Leben liebt!

Die Liebe lebt!

Unsere Bilder

Mein Foto, irgendwo vergraben,

Deine Bilder noch an meinem Herzen,

meine Gedanken werden Dich immer begleiten.

An Deiner Seite

An Deiner Seite bin ich stark
und unbesiegbar.
Ohne Dich nur leer.

An Deiner Seite war ich unbesiegbar,
für eine kurze Zeit.

Die Schmerzen haben mich fast
in die Knie gezwungen.

Doch durch Dich bin ich noch
unbesiegbarer geworden,
auch wenn Du fehlst.

»

Wilde Tage voller Unvernunft,
heisse Nächte ohne Qual.
Nur leben, lieben, Dich bei mir,
wie schön bist Du an meiner Seite.

»

Alles ist so sanft und kraftvoll zugleich.
Von tiefer Hingabe erfüllt
und mit Liebe gedacht.

Die Zeit

Geduldig in der Zeit verharren,
voller Ungeduld in mir.

Die Welt um mich herum zu akzeptieren,
dass sie sich dreht, nur meine Welt, die steht.

So völlig unbedarft, auf mich allein gestellt,
zählt alles nichts, was sonst gefällt.

Nach außen zeig ich keine Miene,
lass niemand in mich rein.

Zerrissen und doch voller Hoffen,
auf andre Tage, voll mit Sonnenschein.

Lachen

Dein Lachen hat mich bereichert,
Deine Hektik aufgeweckt.

Dein Körper ist die Erfüllung,
Dein Sein ist mein Lieben.

Endlich wieder

Wenn Du nur endlich wieder
vor mir stündest.

Ich wollte Dich in den Arm nehmen
und nie mehr loslassen.

Loslassen ja, für Deine Welt.

Festhalten in meinem Herzen und Geist.

Bewahren Dein Glück,
verwalten unsere Liebe.

Ein Freund

Heute Nacht habe ich mit
einem Freund gesprochen, der mich
schon lange auf meinem Weg begleitet.

Fern von mir, doch immer erreichbar
mit seiner Kraft und Energie,
die so deutlich zu spüren ist.

Ein Freund muss nicht immer bei Dir sein,
doch er sieht Dich in seiner eigenen
Zufriedenheit und lässt Dich daran teilhaben.

Frühlingsduft

Dein Duft, noch immer in meiner Nase.
Deine Wärme, noch immer nah bei mir.

Eine Aster mit einer Calla in einer Vase,
Erinnern mich an Deine Liebe – ans Wir.

Missbraucht

Müde fühle ich mich und
missbraucht in meinen Gefühlen.
Ganz anders wollte ich alles angehen –
geben und nehmen gleichermaßen.

Am Ende habe ich viel gegeben
und doch alles verloren.

Kaltgestellt und totgeschwiegen,
aber gewonnen an innerer Reife.

Schmerzen

Im größten Schmerz öffnet sich Dir
das Glück, das Du erleben durftest
mit allen Farben des Lebens.

Gewinne neue Kraft daraus und
schöpfe für Dich und Deine Liebe.

Dolori

Nel dolore piú grande si apre
per te la gioia, che mai avresti
potuto vivere con tutti i colori della vita.

Conquista da ció nuova energia e
attingi per te e il tuo amore.

Neubeginn

Ich suche eine Frau wie Dich.

Nein, ich suche keine andere,

ich will Dich.

Mit Dir an meiner Seite

wieder das Glück leben,

das mir geschenkt wurde.

Dich lieben und mich geliebt wissen.

»

Jene Musik und fremde Sprache,

die mich an Dich erinnern,

krampfen mein Herz zusammen.

Und sind doch auch Hoffnung

für einen neuen Beginn.

Tiempo forte

Die Tage nach durchlebten Nächten,
bringen mein Herz zum Kochen.

Müdigkeit steht in meinen Knochen,
laut dröhnt die Musik durch den Raum.

Deine Bilder sind so schön anzuschaun,
doch nur die Lieder sind mir geblieben.

Wie kann man so frei sich lieben?
Frei von Angst und ohne Sorgen?

Diese Zeit muß man sich borgen,
die Erinnerung gräbt sich ein.

Wo, als bei Dir, könnte es schöner sein?

Keiner weiß wohin, nur einer,
doch der sagt nichts aus gutem Grunde,
weil für alle schlägt die Stunde,
wo Liebe und Glück sich erfüllen.

Mal laut, mal ganz im Stillen.

Fehler

An Dir will ich alle Fehler,

die ich getan habe,

wieder gutmachen.

Mich zurücknehmen,

aufmerksam sein und vorsichtig

mit Deinen Gefühlen umgehen.

Unser Glück mit Liebe verwalten

und Dich stets sanft auf Händen halten.

Reich beschenkt

Reich hast Du mich beschenkt,
mir das Glück zu Füßen gelegt
und mich erfüllt mit Deiner Liebe.

Dich mir hingegeben und Dich geöffnet,
einem Leben voller Reichtum.

Verlust

Dich zu verlieren bedeutete
den größten Schmerz,
den zu erfahren ich nicht bereit bin.

Dich zu erfahren und mit Dir fühlen,
bedeutete das größte Glück für mein Herz.

Perdita

Perderti significa
il piú grande dolore,
che di provarlo non son pronto.

Provarti e con te provare,
significa la gioia piú grande per il mio cuore.

Anmut

Dein Anmut an meiner Seite
erfüllt mich mit Stolz.

Stolz, weil Du mich liebst und trägst.
Stolz, weil wir einander respektieren.
Stolz, weil wir unser Glück pflegen.

Dein Anmut an meiner Seite
gibt mir Kraft.

Kraft, sich auseinanderzusetzen.
Kraft, sich loszulassen.
Kraft, sich zu vertrauen.

Macht

Angst ist die stärkste Macht,
aber Liebe die stärkste Kraft.

So kämpft ewig die Angst
gegen die Liebe.

Mit viel Kraft in Dir
besiegst Du die Angst
und gewinnst die Liebe.

Wege

Ich gehe meinen Weg, auch wenn ich nicht weiß,
wohin er mich führt.

Ein Weg voller Blumen, aber auch mit Steinen,
die zu überwinden große Anstrengung erfordert.

Doch niemals will ich den Blick auf die Kleinigkeiten
und die Schönheit um mich herum verlieren.

Kraft schöpfen an der klaren Luft und mich freuen
auf den Weg, dessen Verlauf ich wohl niemals
ergründen werde.

Erst das Ende wird mir die Mühen und Freuden
des Weges zeigen und in Liebe entlassen lehren.

Spuren

Du bist einer der Menschen,
die Ihre Spuren tief in mir hinterlassen haben.

Auch wenn ich Dich niemals ergründen kann,
hast Du mich doch so bewegt,
dass ich Dich in meinem Herzen behalte
und als wertvollen Schatz verwalte.

Traccie

Tu sei una persona,
che ha lasciato in me traccie profonde.

Anche se io non riusciró mai a scoprirti,
du mi hai cosi agitato,
che io ti terró sempre nel mio cuore
e ti cureró come un tesoro prezioso.

Verloren

Das wohl wertvollste Wesen, dass sich mir geöffnet hat,
habe ich verloren, weil ich unwissend war
über die Beweggründe dieses Menschen.

Erst als es zu spät war, meine Ungeduld mich nicht
innehalten und loslassen ließ,
haben mir andere Menschen geholfen zu verstehen,
dass die Angst vor zuviel Nähe
Menschen sich zurückziehen lässt,
auch wenn Sie sich eigentlich sehnen
nach Liebe, Wärme und Vertrauen.

Es ist so schwierig, diese Menschen zu erkennen
und zu verstehen, wenn man einfach bedingungslos liebt.
Es kostet viel Kraft, sich zurückzunehmen und zu warten,
bis der andere wieder Mut gefasst hat,
die Nähe an sich heranzulassen.

Auch wenn die Schmerzen über den Verlust Dich
verzehren, lerne daraus und halte an Dich,
wenn Dir das Glück wieder an einem Menschen
begegnet, der mit eigener Kraft seine Ängste
nicht steuern kann.

Er braucht Deine Kraft, Deine Ausdauer
und Deine Liebe, - mehr als andere.

Bewältigung

Es gibt eine Frau an meiner Seite,
die nicht wahrhaben kann, dass sie mir
wertvoll und wichtig ist,
weil die Angst in ihr so mächtig wurde.

Mit meiner Liebe trage ich die Zeit,
die unendlicher nicht sein kann.

Nur wenn Du aus Deinem Schatten trittst,
wirst Du wirklich frei sein.

Beisammen

Du und Ich, so nah beisammen.
Hand in Hand an Dich geschmiegt.

Vom letzten Kuss noch ganz benommen,
spür´ ich Deinen warmen Händedruck.

So tief erfüllt,
vom freien Fall in Deine Arme,
fühl´ ich mich nur geliebt.

Gedanken

Die Weite Deiner Gedanken
wird nur durch Dich selbst begrenzt.

»

Die Gedanken und Gefühle,
die in mir kreisen,
sie drehen sich um Dich.

Deine Gedanken und Gefühle,
so fern von mir,
weil andere Menschen sie missachtet haben.

Gänzlich ohne Wissen, mit Liebe nur erfüllt,
kann ich nur hoffen,
dass Du die Kraft in Dir noch findest,
den Menschen und der Liebe zu vertrauen.

Wunderbaum

Deine Seele tut sich auf wie ein Wunderbaum,

öffnet sich Dir und Deinen Ängsten.

Nur Geduld und Glauben.

Gelassen Dich entlassen.

Verfallen

Dir verfallen, dem Tag entrückt,
von allen Sinnen benommen.

In Gedanken an Dich verzückt,
ist Deine Liebe zu mir gekommen.

Umarmen

Zwei Hände, die mich umarmen,
mich spüren lassen Deine Liebe,
erwartungsfroh, dass ich sie halte.

Mit leiser Stimme Dich verwöhnen,
Dir lauschen und verstehen,
das Fühlen Deiner Welt.

Energie

Energien, die durch meinen Arm fließen,
sie zu spüren, heisst von Dir zu wissen.

Sich entscheiden, was jetzt zu tun,
liegt nur an mir.

So will ich jeden Druck
von Deinem Herzen nehmen,
und sanft, geduldig Dir die Zeit auch geben,
die Du für Dich noch brauchst,
um Dich zu klären.

Im Einvernehmen mit der Zeit,
die nötig ist, geh ich in mich hinein
und schreibe alles nieder,
das stete Botschaft für Dich sei.

Überschäumend

Überschäumende Gefühle in meinem Bauch,
kaum zu greifen und doch so stark.

Gedanken, die nicht innehalten,
von Dir und unserem Glück.

In meinem Kissen lieg ich weich vergraben,
und sinne über unser Leben nach.

Zu wissen Dich bei mir,
erfüllt mein Herz und meinen Geist.

Fragen

Hast Du Angst vor mir, frage ich Dich?

Nein!
Deine Stimme klingt schwach!

Ich frage Dich, hast Du Angst vor Dir?

Ja!
Deine Stimme ganz leise!

Ich frage Dich, habe ich etwas falsch gemacht?

Nein!
Deine Stimme so müde!

Gebete im Stillen für Dich,

so unerreichbar bist Du.

Meine Liebe zu Dir, die nicht endet,

weil sie aus ehrlichem Herzen kommt.

Mut

In jeden Leben kommt einmal
die große Liebe.

Ob Du sie auf Dauer halten kannst,
entscheiden immer zwei Herzen
und die Kraft, die dahinter steht.

Bedingungslose Liebe erfordert
aber auch viel Mut:

Mut, anzunehmen

Mut, sich zu öffnen

Mut, zu verzichten,

Mut, zu empfangen

Mut, auszuhalten

Mut, zu lieben!

Im Einklang

Wie Wälder, die sich in der Sonne wiegen,

fangen meine Gedanken Deinen Augenblick.

Wie leise Bäche sich ergießen in die großen Flüsse,

fließen meine Gedanken zu Dir.

Wie die Blätter den Herbststürmen trotzen,

harre ich der Zeit, die mit mir läuft

und mich nicht innehalten lässt.

Mein Herz, es wiegt sich mit den Wäldern,

taumelt in den Strudeln

und verliert sich im Wind

mit den müden Blättern.

Alleinsein

In den Nächten ohne Dich
vergeht die Zeit nicht mehr.
An den Tagen ohne Dich
ist jeder Augenblick so schwer.
In den wenigen Minuten,
die wir miteinander sprechen,
bleibt Deine Liebe haften.

Gefühle leben auf und geben Halt
zu warten auf den Tag,
an dem Du mich umarmst.

Deine Worte schaffen Bilder
und lassen mich spüren
von der Einigkeit in unserem Denken.

Sehnsucht

Du gibst meinen Träumen Hoffnung.
Eine Hoffnung für die Ewigkeit.

Du gibst mir ganz neue Inspirationen.
Gedanken, die meine Träume beflügeln.

Die Träume in mir formen sich zu festen Bildern,
die von Dir getragen werden.

Irgendwann brauchen wir nicht mehr zu träumen,
sondern leben die Bilder gemeinsam.

Toscana

Auf einem sanften Hügel
in den Weinbergen
steht unser Haus
aus festen Steinen.

Ich sehe es vor meinen Augen
und wir werden es finden,
wenn die Zeit gekommen ist.

Die Menschen, die in das „Haus
auf dem Berg" kommen,
leben die Freude am Sein
und die Gastfreundschaft.

Erfahren die Liebe und Hingabe,
mit der dies Refugium
geschaffen wurde.

Spüren den Traum, den wir uns
erfüllten in friedvoller Zweisamkeit.

Sonnenschein

Wenn ich in Deine Augen sehe,
sehe ich in die Sonne
und alle Schatten fallen hinter mich.

Luce del sole

Quando guardo nei tuoi occhi,
guardo nel sole
e tutte le ombre cadono dietro di me.

Epilog

Die ersten Gedichte entstanden, als ich Myriam
kennenlernte und glühende Liebesbriefe schrieb.
Dann habe ich eine Liebe erfahren,
wie sie mir noch nie begegnet ist.
Überschäumendes Glück, Freude, Verrücktheit,
aber auch Schmerzen und Tränen im Überfluss.

Ich musste lernen, mich zurückzunehmen,
weil die Angst in wertvollen Menschen
so übermächtig werden kann,
dass die ehrliche Liebe sie erdrückt.

Meinen lieben Freunden danke ich für die
tröstenden Gespräche in ihren Armen
und den Zuspruch, Gianni für die italienischen
Übersetzungen und seine Fröhlichkeit.

Die Leser möchte ich inspirieren, ihren Gefühlen
freien Lauf zu lassen, sie auszudrücken, um den
Menschen, die durch schlechte Erfahrungen
voller Angst gegen sich selbst sind, ihre Liebe
entgegen zu bringen, sie Vertrauen zu lehren.
Aber auch sich seiner eigenen Geschichte zu
erinnern und Hoffnung zu schöpfen
für die Liebe in uns.

Tief in mir bin ich immer noch sehr bewegt.
Das Schreiben hat mir geholfen,
zu verstehen und loszulassen.
Die Hoffnung habe ich nie aufgegeben.

Die Augen sind nach vorne gerichtet,
dorthin führt mich mein Weg.